日本人と動物の歴史

◆著◆ 小宮輝之

① 家畜

ゆまに書房

もくじ

はじめに　4

イヌ　6

イヌは世界最古の家畜

縄文人の重要なパートナーだったイヌ

時代によって変わるイヌの扱い

現代人とイヌの関係は……

ブタ　11

イノシシがブタになった！

ブタはいつ日本にやってきたのか？

時代によって変わるブタの品種

ウマ　15

東ヨーロッパで家畜化されたウマ

蒙古系のウマが日本にやってきた

日本のウマの歴史は3つに分けられる

半血馬の時代を迎える

現代はサラブレッドの時代

ウシ　21

1万5000年前に描かれていたウシ

日本にはウシは6世紀ごろやってきた

鎌倉時代にはじまった日本の闘牛

徳川吉宗が復活させた日本の牛乳

ネコ　26

ネコは自分から家畜になった？

日本の古典にも数多く描かれたネコ

純粋な日本猫はとても希少

ヒツジ　30

ヒツジは、2番目に古い家畜

ヒツジよりヤギのほうが格上？

日本でヒツジが広まらなかった理由

ヤギ　34

九州からはじまった日本のヤギの歴史

ロビンソン・クルーソーは
ヤギに生かされた？

ウサギ　37

ノウサギとカイウサギの違いは？

戦争中にウサギの飼育が勧められた理由

ラット・マウス　40

ラットとマウスの祖先は？

ペットとなったネズミ

モルモット　43

モルモットは食べるためにつくられた

モルモットはゾウに並ぶ人気者

ミツバチ　45

古代エジプトで家畜化されていたミツバチ

ニホンミツバチを使った伝統養蜂とは

カイコ　48

紀元前4000年ごろに
中国ではじまった養蚕

日本の養蚕は弥生時代にはじまった

世界一となった日本の養蚕技術

ロバ　52

ウマより早かったロバの家畜化

ラクダとともに、日本にやってきたロバ

ラクダ　55

見世物として人気を集めた日本のラクダ

上野動物園初のラクダは、
日清戦争の勝利品

はじめに

　私は1972（昭和47）年に多摩動物公園に飼育係として就職し、上野動物園と井の頭自然文化園で飼育係長、多摩動物公園と上野動物園で飼育課長を務め、2004（平成16）年から2011（平成23）年の7年間は上野動物園の園長でした。ちょうど40年間を動物園で過ごし、多くの動物とつき合ってきました。私が直接に飼育係として動物を飼育したのは、多摩動物公園での最初の14年間で、日本の動物と家畜が担当でした。飼育の現場を離れてからも日本産動物と家畜に関わる機会が多くありました。このシリーズでは動物の人との関わりをたどり、とくに日本人と動物の歴史について、私の動物との交流経験にも触れながら、伝えたいと思います。

　第1巻では、人との関わりが強い家畜について取り上げました。長きにわたり人の生活を支えてきた家畜について、起源や日本への渡来など、歴史をたどります。家畜は身近な存在なので、ふつうの動物と思われがちです。しかし、5000種近い哺乳類の中で、家畜といわれる動物は10〜20種しかいません。人類の長い歴史の中で、多くの野生動物を家畜にしようと捕まえたり、飼ったりしたはずなのに、家畜になったのは1パーセントにも満たない動物たちなのです。人類のパートナーとなり、食料や衣料を提供してくれる家畜たちは、実はふつうの動物ではなく、例外的で特別な動物だと思います。私自身が実際に経験したことも交えて、家畜になった動物について触れたいと思います。

　縄文時代からの日本人のパートナーであった日本犬、古墳時代から約1500年にわたり日本人の生活を支えてきたウマやウシなどの日本在来の家畜たちは、経済性優先の世の中では活躍できず、姿を消しつつあります。日本人と日本の家畜について、今も細々と残っている日本在来の家畜の現状も紹介します。

　第2巻では、日本人と野生動物のつき合いの歴史をたどります。

縄文時代の人々は身近な動植物を利用して、1万年以上の長い期間にわたり生活を持続してきました。野生動物の肉は食料であり、毛や皮は衣料にし、骨や角で道具をつくりました。野生動物は神からの授かりものとしてまつり、感謝の気持ちで利用してきたのです。弥生時代以降も野生動物をはじめとする自然の恵みに対する感謝の気持ちを持ち続け、日本各地でいろいろな行事がおこなわれてきました。

　昔から未知なる不思議な動物として日本人を熱狂させた外国産の代表的な動物についても触れました。ゾウ、ライオン、キリンの3種は「動物園の三種の神器」として、動物園になくてはならないスター動物でした。1882（明治15）年に上野動物園が開園してから25年後の1907（明治40）年に、上野動物園ではこの三種の神器がそろったのです。その後、各地に動物園ができ、多くの動物園でこの3種が飼われ動物園を支えてきました。1972年に上野動物園はジャイアントパンダを迎え、一躍人気者になりました。国民を熱狂させた野生動物としてトラを含めて紹介します。

　第3巻では、鳥と日本人の歴史をたどります。ニワトリやアヒルなどの家畜化された鳥を家禽とよびます。家禽も第1巻で、家畜として扱うこともできますが、人との関わりの深い鳥の代表を第3巻にまとめて紹介します。日本の歴史の中で昔から登場する鳥類もたくさん知られています。人の生活が豊かになり余裕ができると、人は動物を飼ったり、植物を栽培したりして楽しむようになります。江戸時代に和鳥とよんだ日本の野生の小鳥や外国から輸入された鳥を飼育する「飼い鳥文化」が花開いたのも、平和な時代だったからではないでしょうか。外国からもたらされた珍しい鳥、美しい鳥、巨大な鳥など、日本人を楽しませ、おどろかせてきた鳥についても紹介します。

イヌ

イヌは世界最古の家畜

　イヌは1万5000年以上も前に家畜化された、最古の家畜です。イヌの祖先については諸説ありましたが、最近のDNAの研究でイヌとオオカミのDNAがほとんど同じであることがわかりました。多くの家畜が食料として家畜化されたのに比べ、イヌは番犬や狩猟など人間のパートナーとして家畜化された点で、人類にとって特別な動物といえるでしょう。イヌは人類にとって最初の家畜として長い歴史を刻んできました。小さなチワワから大きなセントバーナードまで、すべてオオカミの子孫です。氷河期が終わった1万2000年前ころの西アジアの遺跡からイヌの骨が出土しています。イヌの祖先は小型のアラビアオオカミやインドオオカミとされ、DNAからイヌがオオカミから分岐しはじめたのは1万5000年ほど前という結果が出たのです。

　オオカミをどうやってならしてイヌにしたのでしょうか。まず、狩りとったオオカミの巣穴に残されていた子を捕まえて育てたことが考えられます。また、オオカミが人の集落のゴミ捨て場に、残飯をあさりにくるうちに、だんだん人を恐れなくなり、人に近づいてきたという説もあります。人はイヌの鋭い嗅覚を利用し、獲物の追跡や、番犬として役立てるようになりました。イヌも人からえさをもらえるので、人といっしょにいることは好都合だったのです。

［上］イヌの祖先のひとつとされるアラビアオオカミ
［下］オオカミの面影を残すイヌ、アラスカ・マラミュート

縄文人の重要なパートナーだったイヌ

イヌが集落の残飯をあさる掃除屋だったころは、人はイヌを捕えて食べたり、皮をはいだりして利用していました。イヌが狩猟犬として狩りを手助けするようになる中石器時代の遺跡のイヌの骨からは、人に食べられた形跡が減り、人のパートナーとなったと考えられています。日本のイヌの最も古い骨は、縄文遺跡の神奈川県夏島貝塚から発掘された約1万年前のものです。縄文時代の遺跡からは人のお墓の横に埋葬されたイヌの骨が出てきます。狩猟採集生活をしていた縄文人にとってイヌは大切なパートナーだったのです。縄文犬は今の柴犬より少し小型で、鼻筋の通ったキツネ顔でした。柴犬はノウサギやキジ猟で活躍した猟犬で、縄文犬の面影を残しています。キツネ顔の吻（動物の口先）の長い柴犬を系統的に繁殖させ、縄文柴とよばれる縄文犬に似た顔つき・体形の復元縄文犬もつくられています。　紀元前4世紀ころから、日本

縄文犬の顔つきの柴犬、縄文柴

に渡来した弥生人はイヌも連れてきました。弥生犬は縄文犬より大きく紀州犬クラスの中型犬でした。弥生遺跡からは割られたイヌの頭骨や、関節に肉を削ぎ落とした刃物傷の残る骨がまとまって出てきます。弥生人はイヌを食べていたのです。今でも中国や朝鮮半島ではイヌを食べる習慣があり、チャウ・チャウなど食用犬までつくられました。日本でも赤犬はうまいとされ、イヌを食べていました。縄文人と弥生人のイヌに対する変化は、

上からオオカミ、縄文犬、柴犬の頭骨
（松井章氏提供）

日本人の民族構成の変化と密接に関係しているのです。

古墳時代の銅鐸にはイヌがイノシシを追い詰め、人が矢を構えている姿が描かれています。イノシシの埴輪を追うように置かれた、イヌの埴輪も見つかっているのです。当時のイヌが猟犬として使われていたことを示しています。銅鐸や埴輪のイヌは耳が立ち、現代の日本犬の特徴を備え、地理的に大陸と海で隔てられた日本で、純粋な形の日本犬として保たれてきたのです。

時代によって変わるイヌの扱い

奈良時代の宰相である長屋王の邸宅跡から、イヌに米を食べさせていたと思われる木簡が出ています。当時の貴族階級では鷹狩が盛んで、鷹狩には獲物を追い出すためにイヌを使っていました。鷹狩に使う猟犬が肉の味を覚えると、獲物を食い荒らすので、肉を与えずに米をえさにしていたと考えられています。

平安時代から鎌倉時代、室町時代の絵巻物には、野良犬のようなイヌが描かれています。この時代の『餓鬼草紙』には、墓場に置き去りにされた人の死体をかじる野良犬が描かれているのです。この時代の遺跡から出た人骨には、イヌのかみあとがついている例もあり、『餓鬼草紙』は誇張された空想の世界ではありませんでした。人の死体も食べるイヌは、けがれた存在として忌み嫌われる面もありました。犬神はイヌの悪霊で、とりつかれた人は錯乱状態に陥るといわれ、犬神につかれた家は嫌われ恐れられたのです。反面、イヌは縁起のよい存在で、お産の神様として尊敬され、安産祈願の水天宮への信仰につながります。今でも、妊婦が岩田帯をつけるのは、妊娠5か月目の戌の日からです。お宮参りの贈り物、犬張り子も安産祈願と子どもの魔よけでした。狛犬も神殿を守るもので、朝鮮半島から来たイヌの高麗犬の名から狛犬とよばれるようになりました。

江戸時代に「生類憐みの令」が発布されています。男子の生まれない5代将軍徳川綱吉は、前世の殺生の罪滅ぼしに、生類憐みの行を進言されました。綱吉はいぬ年生まれなので、イヌをとくに大事にするようにいわれ、この悪名高い犬保護令を出したのです。現在の東京JR中野駅に近い広大な敷地にイヌの保護施設をつくりました。綱吉は陰では犬公方、イ

『餓鬼草紙』に描かれた人肉をあさるイヌ

『百犬図』伊藤若冲
(ひゃっけんず いとうじゃくちゅう)

『狗子図』円山応挙
(くしず まるやまおうきょ)

『東都名所 両国柳ばし』歌川国芳
(とうとめいしょ りょうごくやなぎ うたがわくによし)

ヌはお犬様とよばれ、イヌを殺めたりすれば、死罪や島流しになり、江戸市民は苦しめられたのです。1709（宝永6）年の綱吉の死後、生類憐みの令は廃止され、人々はイヌに気兼ねすることなく生活できる時代に戻りました。

また、16世紀末ころからポルトガル人などにより西洋のイヌがもたらされ、絵巻物などにはたれ耳やぶちなどいろいろなイヌが描かれています。唐犬として珍重され、大名の権威の象徴として持てはやされました。『百犬図』『狗子図』にはぶちの子犬、浮世絵『東都名所 両国柳ばし』にもぶちや耳の垂れた野良犬が描かれ、江戸時代には西洋系のイヌがふつうになっていたことをうかがわせます。明治維新後は、さらにいろいろな犬種の西洋のイヌが入るようになります。欧米人の連れてきたヨーロッパ系のイヌは洋犬とよばれました。このころ洋犬を横浜界隈の日本人は「カメ」とよんでいたそうです。横浜に住むイギリス人やアメリカ人が愛犬をカムヒヤーとよんで、自分のもとによび戻していたのが、カメと聴こえたのです。

現代人とイヌの関係は……

　イヌは現在も狩猟や番犬、牧羊犬として使われたり、盲導犬、聴導犬、介助犬など介護の現場で働き、警察犬、麻薬犬、災害救助犬などとして、人の生活を守る仕事もしています。また現代の日本ではペットとしてネコと並んで、人に最も身近な動物になっています。しかし、イヌを飼育し、展示している動物園はあまりありません。私が上野動物園の園長をしていた2006（平成18）年はいぬ年でした。いぬ年のときくらい、上野動物園でもイヌをみなさんに紹介したいと思い2回、イヌを紹介するチャンスをつくりました。いぬ年を控えた2005（平成17）年の夏に、古い日本犬の特徴を残している信州の川上犬を川上村役場に訪ねました。村長さんから来年のお正月に向け、子犬を育ててくれる約束をいただきました。暮に3頭の川上犬の子犬が届き、年賀状撮影会などで活躍し、翌年のいぬ年正月に干支の主役になったのです。もう1回は警視庁から警察犬に出向いてもらい、犯人を見つけるデモンストレーションをしてもらいました。この時の警察犬は、形態的にオオカミの特徴を色濃く残した優秀なジャーマンシェパードで、日本の警察でも一番多く使われ、みなさんにイヌの能力、とくに嗅覚のすぐれている点などを披露してくれました。

　最近では、イヌを積極的に飼育する動物園が出てきました。「沖縄こどもの国の動物園」では琉球犬と大東犬を飼育し、郷土の日本犬として紹介しています。数の少なくなった郷土の生き物の存在を知ってもらい、保護し普及を図ろうという試みです。「那須どうぶつ王国」ではたくさんの犬種のイヌを飼い、希望する来園者に貸し出し、園内を散歩してもらっています。イヌは飼いたいけれど、住宅の事情から飼えない人たちへの、新しいサービスで人気があるのです。

［上］ヒツジの群れを動かす牧羊犬
［下］代表的な警察犬、ジャーマンシェパード

ブタ

イノシシがブタになった！

　ブタの祖先はアジアからヨーロッパ、北アフリカにかけて広く分布するイノシシです。ブタはヒツジのような遊牧には適さず、農耕をはじめた定住民族により紀元前8000〜6000年に家畜化されたと考えられています。イノシシの家畜化のはじまりは西アジアと中国の2か所と考えられていました。ところが、近年のDNAの研究により、各地のブタはその地域のイノシシとも遺伝的につながっていることが判明しました。つまりヨーロッパのブタには大型のヨーロッパイノシシ、インドのブタにはたてがみの目立つインドイノシシの血が入っていたのです。

　イノシシのブタへの家畜化は、少なくとも7か所の野生のイノシシの生息地で、はじまったと考えられるようになりました。この7か所の中に日本は入っていません。当時イノシシの生息していない北海道渡島半島の縄文時代後期から弥生時代にかけての遺跡から、イノシシの骨と瓜坊模様のある土偶が出土しています。弥生人が生活圏を本州北部にも広げるなかで、縄文人は北海道へと移住していきました。舟で運べる子どものイノシシ、

ブタの祖先種のひとつ、ヨーロッパイノシシ

縄文時代の瓜坊の土偶（市立函館博物館所蔵）

瓜坊をいっしょに連れて行ったのでしょう。瓜坊を育てたのは女性と考えられます。アイヌの女性がヒグマを自分の乳で育てたように、縄文人の女性は自分の乳で瓜坊を育てたのかもしれません。土器や土偶などをつくるのも女性の仕事だったので、土偶のモデルは世話をしている

瓜坊だったと想像できるのです。

　瓜坊の時から人が育てたイノシシは、集落で放し飼いにされていました。イノシシは野草やドングリなど自然のえさだけでなく、簡単に食べられる人の残飯や排泄物（はいせつぶつ）も食べ、集落からは立ち去りませんでした。世界各地のイノシシのブタへの家畜化も同じような放し飼いからはじまったはずです。人が運べるような小さなブタがすでに日本に入っていたか、瓜坊の時から人が育てて飼いならしたイノシシを縄文人や弥生人が家畜化したのか、興味深い問題です。縄文時代からの家畜として、たしかなのはイヌですが、もう一種日本人にとっての家畜がいたとすればブタです。しかし、イノシシとブタは同種で、家畜化初期のブタとイノシシの骨を見た目で見分けることは難しく、縄文時代にブタがいたかどうか断定できないでいました。新しい研究である、家畜化による頭骨や歯の変化、DNA、炭素・窒素の安定同位体比から推定される食べ物の違いなどから、この謎も解明されつつあり、縄文時代の骨がブタだったのかイノシシだったのか、近いうちにはっきりすることでしょう。

ブタはいつ日本にやってきたのか？

　日本には本州、四国、九州に主に生息する中型のニホンイノシシと、沖縄県から鹿児島県の南西諸島に生息する小型のリュウキュウイノシシが分布しています。南西諸島では沖縄本島や奄美（あまみ）大島だけでなく、小さな宝島（たからじま）や波照間島（はてるまじま）の貝塚からも小型のイノシシの骨が出土します。南西諸島では縄文時代に、イノシシの特徴を色濃く残した小型の原始的なブタが、中国南部や東南アジアから持ちこまれたと考えられます。当時のブタは集落の掃除屋で、放し飼いでしたので、集落を離れ森林で再び野生化するものもいたはずです。この再野生化した原始ブタがリュウキュウイノシシになったとも考えられます。この説が証明されれば、リュウキュウイノシシは日本最初のブタということになるでしょう。DNAの研究では、リュウキュウイノシシは島により来歴が異なることがわかり、原始ブタだった可能性も浮上しています。江戸時代の図解事典『訓蒙図彙（きんもうずい）』の野猪（やちょ）と山猪（さんちょ）はイノシシと再野生化ブタの違いかもしれません。

リュウキュウイノシシの親子

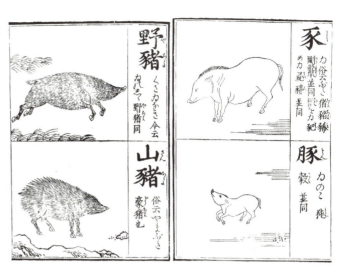

『訓蒙図彙』に描かれたイノシシとブタ（右下）

　『魏志倭人伝』には日本にいない動物として、ウシやウマなど6種があげられ、イヌとブタは入っていません。3世紀には、ブタはすでに日本で飼われていたことを示すのかもしれません。弥生時代には大陸からブタがすでにもたらされていたようです。『日本書記』にある「白猪の史」はイノシシの白変種（色素の減少で白色化した動物）とは考えにくく、ブタと考えるのが自然です。奈良時代には猪飼部という養豚業があり、豚肉を朝廷に納めていました。養豚技術は7世紀に滅亡した朝鮮半島の百済からの渡来人により持ちこまれたと考えられています。このときのブタは縄文時代からのイノシシではなく、朝鮮半島から持ちこまれた白いブタだったのでしょう。

時代によって変わるブタの品種

　675（天武天皇4）年、天武天皇のときに殺生禁止政策がとられました。肉を食べなくなると、ウマやウシのように役畜として使えないブタの飼育は衰えました。この時代にブタを飼っていたのは、肉食禁止思想の影響の及ばなかった、沖縄をはじめとする南西諸島です。沖縄には、14世紀に中国福建からの移住者により中国のブタが持ちこまれました。この末えいが、島豚とかアグーとよばれている小型で背のくぼんだ、お腹の垂れた黒ブタです。島豚も縄文人が飼いならしたイノ

背がくぼみ、お腹の垂れたアグー

シシの子孫ではなく、日本のイノシシはブタにはならなかったと考えるのが自然です。当時は冷蔵庫のない時代ですから、

『南島雑話』に描かれた幕末期の奄美大島の豚便所

小さなブタであることが大事でした。保存するよりは一度に食べきることができる大きさのほうがよかったのです。南西諸島ではフールヤーという人の便所を兼ねた豚舎でブタを飼い、排泄物をブタに片づけさせていました。『南島雑話』にその様子が描かれています。衛生的な問題から1929（昭和4）年に廃止され、今では文化財として残されています。明治時代後期にバークシャーなど西洋種が輸入され、島豚の雑種化、大型化が進みました。最近になって、トカラ列島や沖縄本島北部に少数残っていた島豚の特徴を残す小型の黒ブタをもとに、アグーの復活がおこなわれています。上野動物園の「子ども動物園」でも、沖縄で復活したアグーを譲り受け、古くからの日本在来ブタとして展示しているのです。

明治維新後に食肉の習慣が広まると、欧米からいろいろなブタが輸入されました。ヨークシャー、バークシャー、ハンプシャー、ランドレース、デュロックなどですが、このなかで、今私たちが食べているのはどの品種でしょうか。バークシャー系の鹿児島の黒ブタを除き、みなさんの口に入る豚肉は、どの品種でもありません。現代日本人が食べている豚肉のほとんどが、これらの品種の交雑で誕生した雑種のブタなのです。スーパーやお肉屋さんで三元豚の豚肉が売られています。三元豚とは3品種を交配し、親のそれぞれのすぐれた点を引き出したハイブリッド豚のことです。

三元豚が日本の豚肉の8〜9割を占める。この子ブタは（大ヨークシャー×ランドレース）×デュロック

三元豚の2回目交配によく使われる親デュロック種のオス

ウマ

東ヨーロッパで家畜化されたウマ

　家畜のウマの祖先は、タルパンとよばれている野生馬です。ウクライナ地方の新石器時代の遺跡からタルパンを家畜化したウマの骨が出土しています。ウマは紀元前3500～3000年、東ヨーロッパの草原地帯で家畜化されたと考えられています。野生のタルパンは19世紀後半ころには絶滅したと考えられています。今、見ることができるのは復元されたタルパンです。

ウマの祖先種タルパンの復元個体

　南フランスにあるラスコー洞窟やスペインのアルタミラ洞窟の壁画にはタルパンも描かれていますが、たてがみの立った頭の大きなウマもたくさん描かれています。このウマは旧石器時代の遺跡から大量の骨が出ていて、食用に狩猟され家畜にはならなかったと考えられています。この謎のウマは、19世紀の終わりにモンゴルのゴビ砂漠で発見されたモウコノウマでした。モウコノウマはヨーロッパでは食べつくされ、モンゴルにわずかに残っていたのです。モンゴルの人々はモウコノウマの子ウマを捕えて調教を試みていますが、タルパン起源のウマのようには扱えませんでした。近年のDNAの研

ラスコー洞窟に描かれたモウコノウマ

究でも、モウコノウマは家畜化されたウマの祖先ではないことがわかりました。私も多摩動物公園で日本にはじめてやってきたモウコノウマの世話をしましたが、体に触られるのを嫌がり、家畜のウマとは異なる野生動物だと感じました。飼ってみて、モウコノウマをならすことは困難で、とても乗りこなすことはできない

と思ったものです。モウコノウマは1967（昭和42）年の目撃を最後にモンゴルでも絶滅しましたが、ヨーロッパの動物園で増えた個体を1992（平成4）年から野生復帰させています。私が2008（平成20）年に訪れたモンゴルのホスタイ国立公園では200頭以上に増え、群れで暮らすモウコノウマに会うことができました。

ホスタイ国立公園のモウコノウマの親子

蒙古系のウマが日本にやってきた

日本では、縄文時代から弥生時代にかけての遺跡からウマの骨が出ていて、縄文馬や弥生馬が存在していたと以前は考えられていました。ところが、放射性炭素年代測定法で年代測定が可能になり、遺跡から出ていたウマの骨はもっと新しい4〜5世紀以降のものであることがわかりました。3世紀の日本を記した中国の『魏志倭人伝』には、「その地には牛・馬・虎・豹・羊・鵲 無し」と書かれ、この記載は正しかったのです。5世紀初期、応神天皇に百済王から良馬2頭が贈られ、大和の厩で飼ったと『日本書紀』に書かれています。日本にウマが本格的に導入されたのは古墳時代になってからで、中国大陸から朝鮮半島を経由して入ってきました。古墳時代の遺跡からウマの埴輪が出土するようになるのも、日本へウマが来た時期をほのめかすものです。アジア大陸の蒙古系のウマが、対馬や九州北部に入り、日本各地に広がったのです。ウマたちは日本の風土に順応し在来馬として定着していき、風土に合った50近い系統が確立しました。南西諸島に残る小型の在来馬は、中国南部の小型馬が

6世紀ごろのウマの埴輪（馬の博物館所蔵）

南ルートで導入されたと考えられていましたが、DNAの研究で、これらの小型馬も北ルート由来で、九州から南下し、島に来てから小型化したということがわかったのです。

日本のウマの歴史は3つに分けられる

日本のウマの歴史は、第1期の在来馬の時代、第2期の半血馬の時代、第3期の競争馬の時代と大きく3つに分けることができます。第1期の在来馬が活躍したのは約1500年間です。大陸から入ってきたウマは、江戸時代まで大きな改良を加えられることはありませんでした。各地の地域名をつけられてはいますが、交流も盛んにおこなわれ、品種として確立したというより日本在来馬として、日本人の生活を支えてきたのです。農耕、運搬などを担う役畜、馬糞は肥料に、そして武士の騎馬として使われてきました。源頼朝は、甲斐の国で良馬を生産していた牧監の南部光行を東北の地に配置し、南部馬の生産に力を注ぎました。南部馬

『後三年合戦絵巻』に描かれたウマ

は軍馬として優秀でしたが、農耕馬としても重要な働き手でした。農民はウマを曲り家とよばれた厩で家族同様に飼いました。ウマの部屋を日当りのよい南側に置き棟続きにして、いつでもウマの様子に目が行き届くようになっていたのが曲り家です。

ウマは後方の消化器官である盲腸で植物繊維を分解するので、馬糞には生きた微生物が大量に残り、発酵し熱を出すので温肥とよばれていました。これに対し、前方の消化器官である反すう胃で植物を分解するウシの牛糞には微生物は少なく、熱を出さないので冷肥とよばれていたのです。冬の寒さの厳しい東北地方の南部馬や信州の木曽馬の馬糞は重

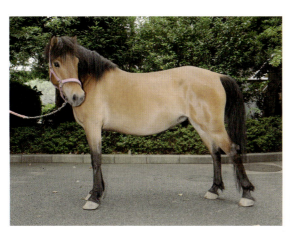

『後三年合戦絵巻』に描かれたウマとそっくりな木曽馬

要な肥料、堆厩肥として雪解けの冷たい地面の温度を上げ、土を豊かにしました。山地、坂道で活躍してきた日本在来馬は蹄鉄をつけませんでした。日本に金属製の蹄鉄が伝わったのは江戸時代末期のことです。それ以前、日本ではウマのひづめを保護する方法として馬用のわらじを使用していたのです。

源義経が後白河法皇から賜り、一ノ谷の合戦で騎乗した太夫黒も南部馬で、体高4尺6寸（約139センチ）の当時としては大型の黒い青毛の名馬だったといわれています。テレビの大河ドラマでは源義経も上杉謙信も武田信玄も体高160センチもあるサラブレッドなど大型馬に騎乗し、戦場を駆け抜けます。しかし、鎌倉市材木座遺跡から出た戦国時代のウマの骨は、大きなものでも体高130センチくらいしかありませんでした。実際の戦国武将のウマは、木曽馬や道産子のようなウマで、世界標準からみればポニーとよばれる小型馬ですが、日本人の体格にあったウマだったのです。当時の名馬の条件は足の速さや耐久力よりは気性の激しさだったようです。1563（永禄6）年に来日したポルトガル人宣教師ルイス・フロイスは安土城の厩を見て、高貴な人の広間のような清潔さと、去勢していない荒々しいオス馬におどろいています。桃山時代の『厩図屏風』から、立派な厩と気性の激しい馬の様子が伝わってきます。現在のモンゴルでは、『厩図屏風』に描かれているのとそっくりな毛色の蒙古馬が飼われていました。江戸時代以前の日本には、ルーツである蒙古の家畜馬のような様々な毛色のウマがいたのです。

［左］わらじを履いた馬
『名所江戸百景　四ツ谷内藤新宿』歌川広重
［右］南部馬「太夫黒」にまたがる義経。
『義経公牟礼高松之図』守住貫魚

りっぱな厩舎と気性の荒い馬がみごとに描かれた『厩図屏風』（馬の博物館所蔵）

半血馬の時代を迎える

第2期は明治維新後で、日本のウマに大きな変化がもたらされ、半血馬の時代を迎えます。明治政府は軍の近代化のため、馬の改良を進め、1939（昭和14）年発布の種馬統制法で、在来馬は西洋馬との交配による大型化を義務づけられました。在来馬のメスは大きな西洋馬との交配を義務づけられ、オスは馬匹去勢法により去勢され、種馬として使えなくなります。この雑種化政策で日本在来馬は減少し、多くは姿を消したのです。南部馬の場合、南部藩による沿海州からの蒙古馬の導入、徳川吉宗によるアラブ馬の導入など積極的な改良の結果、平均体高はオスで138センチと他の在来馬より大型でした。名馬が災いし、南部馬は交配の積極的対象となり、オスは馬匹去勢法により根絶やしになりました。現代に南部馬の遺伝子を強く受け継いでいる子孫は、道産子とよばれる、北海道和種です。明治から昭和初期にかけて、軍馬や農耕馬として活躍したのは、大きな西洋種のオスと小さな在来馬のメスを交配した半血馬とよばれたウマだったのです。

帯広競馬場で輓馬レースを楽しんだことがあります。この話をすると、かなり動物のことを知っているはずの人でも「道産子のレースですね！」と聞き返してきます。輓馬と道産子を混同し、輓馬を道産子と思っている人が多いようです。

北海道開拓の立役者だった輓馬

輓馬のもとになったペルシュロン

道産子は体高130センチほどの在来馬で、正式名は北海道和種とよばれる小型のウマです。一方、輓馬といえばペルシュロンやブルトンなど体高170〜180センチにもなる西洋の大型馬どうしを交配してつくりだされた半血馬なのです。雑種強勢といって系統の遠い品種の交配により、よりすぐれた個体を誕生させる育種法で、もとになった西洋のウマよりさらに大型化され、北海道開拓を担ったウマたちです。輓馬は北海道の開拓の原動力として活躍し、戦後もしばらくは農耕や材木運搬などに使われていましたが、第1次産業の機械化で、今では輓馬レースや馬肉生産用に細々と残っているにすぎません。

現代はサラブレッドの時代

第3期は現代で、競走馬サラブレッドの時代といえます。第二次世界大戦前は日本に150万頭ほどの馬がいましたが、戦後は自動車の発達と農業の機械化により減少しました。2004（平成16）年には10万頭を割り、2014（平成26）年現在7万頭にまで減りました。今、日本人が一番よく目にする馬は競馬のサラブレッドで、日本で飼われている馬のうち、半数以上を占めています。サラブレッドの本場イギリスでは、乗用馬や農耕馬などサラブレッド以外の多くの品種が残されています。欧米各国でも国ごとに歴史をつくってきたほこるべき馬たちが数多く飼われていて、サラブレッドの割合は数パーセントでしかありません。米国には500万頭、英仏独といったヨーロッパ主要国でも数十万頭の馬が飼われているので、パーセンテージで比較するのは乱暴ですが、50パーセント以上がサラブレッドという国は世界中でもかなり特異なのです。

日本で競馬がおこなわれた最初の記録は『続日本紀』にあるウマの走り比べで、701（大宝元）年に宮中行事として馬の競走がおこなわれました。日本初の西洋式競馬は1860（万延元）年に横浜でおこなわれ、6年後には常設の競馬場が横浜根岸に完成し、この地には現在、競馬発祥の地を記念し、「馬の博物館」が開設されています。戦前の競馬は優秀な軍馬生産の目的で、国が奨励していました。現在では、競馬法により日本中央競馬会の主催する中央競馬と、地方自治体の主催する地方競馬がおこなわれています。

在来馬は働く場を失い、今では全国8か所に、地域の名を冠した8品種が残っているにすぎません。2014年の統計では北海道和種（道産子）1226頭、木曽馬144頭、野間馬49頭、対州馬34頭、御崎馬88頭、トカラ馬118頭、宮古馬45頭、与那国馬112頭で、合計でも1816頭が細々と飼われているだけです。日本人の生活を支えてきた生ける文化財として、日本の風土に合った遺伝資源として、日本在来馬が消えゆくことは、一日本人としてさびしいかぎりです。

南西諸島に残った与那国馬（小宮博之氏提供）

ウシ

1万5000年前に描かれていたウシ

オーロックス（日橋一昭氏提供）

ドイツの動物園で復元されたオーロックス

　家畜のウシの祖先は、オーロックスとよばれる原牛（げんぎゅう）です。フランスの洞窟（どうくつ）には約1万5000年前に描かれた野生牛の絵が残され、バイソンとオーロックスを狩る様子が描かれています。紀元前7000～6000年ごろ、人が飼いだしたのはオーロックスのほうで、バイソンは家畜化されませんでした。農牧民は荒々しい野生のオーロックスを改良し、おとなしく生産性の高いウシをつくってきました。囲ってあるメスが発情すると、オーロックスのオスが囲いを壊してメスに交配したり、連れ去ったりすることが繰り返されたはずです。農牧民は自分のウシを守るため、オスのオーロックスを敵視し、殺してきたため17世紀には姿を消したのです。家畜になったウシは、はじめは食肉用の肉牛として、次に車や農機具をひく役牛として、さらに遅れて紀元前3000年ころから乳の利用がはじまります。

日本にはウシは6世紀ごろやってきた

　日本でウシが飼われ、使われるようになったのはウマに少し遅れて6世紀になってからで、朝鮮半島からの渡来人が連れてきました。古墳時代の遺跡からウシの埴輪（はにわ）も出土しますが、ウマに比べ希（まれ）です。ウマが王族や豪族の家畜であるのに

ウシ 21

対し、ウシは農民の家畜であったからと推測されます。渡来人は搾乳技術も伝え、7世紀の『続日本紀』に朝廷直属の乳牛が飼われ牛乳を生産していたことが書かれています。平安時代初期の『延喜式』にも諸国から乳製品の蘇が献納されたと記されています。蘇は練乳のようなものらしく、壺に入れて運ばれ、精製したものは醍醐とよばれ、醍醐味の語源になりました。当時はウシを役牛としてだけでなく、乳牛や役乳兼用に飼い、死亡すれば肉も利用していたと考えられます。

仏教の影響から675（天武天皇4）年に天武天皇が発した肉食禁止令以降は、牛肉も牛乳も表立って利用されなくなりました。日本では長い間、ウシは田畑を耕し、荷物を運搬する役牛として飼われてきたことになっています。ところが、ウシをタジシとよぶ地方があり、食用肉を意味するシシの名でよんでいるのです。つまりウシは田で働く食用動物ということで、実際は役肉兼用だったと考えられています。肉食禁止のお触れが、江戸時代まで何回も出されていたのは、農民、庶民、下級武士の間では死んだウシを無駄にせず食べていたからなのでしょう。江戸時代には例外的に、彦根藩だけに食用としてのウシの屠殺が認められ、赤牛を使い牛肉の味噌漬け、干し肉、酒煎肉、粕漬肉を生産していました。これらの肉製品は牛肉ではなく養生肉とよばれて栄養剤的な薬の扱いで、将軍家や親藩に贈られていました。将軍もおいしい牛肉を食べるための抜け道があったのです。

鎌倉時代にはじまった日本の闘牛

日本最古の闘牛は、1221（承久3）年に隠岐島へ流された後鳥羽上皇をお慰めするために島民がおこない、神事となったとされています。同時代の『鳥獣人物戯画』にもウシの角突き合いの様子が描かれています。日本の闘牛はスペインの闘牛のように闘牛士とウシとの闘いではありません。「牛相撲」とか「牛の角突き」とよばれ、ウシの力くらべといったものです。農民の楽しみであり、優秀な種オスを選ぶ意味もありました。闘牛は日本の伝統文化であり、現在の越後山古志の「牛の角突き」は国の重要無形民俗文化財、

『鳥獣人物戯画』に描かれた牛の角突き合い

山古志の闘牛「牛の角突き」

『国牛十図』で描かれた在来牛、御厨牛

宇和島の闘牛も無形民俗文化財に指定されています。

鎌倉時代に描かれた『国牛十図』に、当時のウシの特徴や性格が解説されています。この鎌倉時代の牛図鑑から、昔の日本のウシは決まった毛色ではなく、様々な毛色で模様のあるものもいたことがわかります。この日本在来牛の姿を今に残しているウシが2か所で現存しています。山口県萩市沖にある見島で飼育されてきた見島牛と、鹿児島県トカラ列島の口之島に野生状態で残った口之島牛です。体型、体格、毛色など、『国牛十図』に描かれている日本在来牛の特徴を残していますが、ともに100頭以下で絶滅が心配されています。

見島牛は1928（昭和3）年に天然記念物に指定されました。天然記念物となると食肉として流通させることができなくなり、経済的に成り立たなければ、だれも飼ってくれないはずです。オスの子ウシや高齢のメスウシは対岸の萩市に運ぶことで、天然記念物を解除され、和牛の原点である霜降りの牛肉として流通させることができるのです。オランダ産の乳牛ホルスタインとの交配により見蘭牛という安価でおいしい交雑牛も生産され、見島牛は維持されています。

私は2008（平成20）年に見島に行き、見島牛保存会の多田一馬会長を訪ね、見島牛を見せてもらい、1頭を購入することにしました。名古屋大学では日本在来家畜の保存を目的に、口之島で捕獲した口之島牛と五島列島の柴ヤギを愛知

見島牛の種オス

県設楽にある大学牧場で飼育していました。設楽にも織田銑一教授を訪ね、口之島牛を見せてもらい、子ウシを寄贈していただくことになったのです。2頭は2009（平成21）年のうし年を前に、2008年暮に上野動物園に到着しました。和牛もホルスタインも、日本にいる現代のウシはほとんど除角され角がありません。上野に来た見島牛は昔のウシのように角があるオスでした。口之島牛は平安時代に描かれた『平治物語絵巻』で、牛車をひくウシにそっくりな模様のメスでした。うし年を機に、日本人の生活を約1500年にわたり支えてきた日本在来牛を生ける文化財として紹介するため飼うことにしたのです。

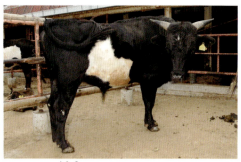
名古屋大学設楽牧場の口之島牛

『平治物語絵巻』で描かれた、牛車をひく平安時代の在来牛

徳川吉宗が復活させた日本の牛乳

　日本での乳牛の歴史は途絶えていましたが、8代将軍徳川吉宗は1728（享保13）年にインドから乳用種の白いコブウシ3頭を輸入し、房総半島安房にあった幕府の馬牧場である嶺岡牧で飼ったのです。吉宗は牛乳から「白牛酪」という乳製品や「御生薬」という傷薬を製造させ、江戸で販売もしました。白牛は70頭まで増えましたが、明治時代になって牛疫流行で全滅しました。この地には日本の酪農発祥の地として「千葉県酪農のさと」と千葉県嶺岡乳牛研究所があります。

　1856（安政3）年、下田に赴任した米国

徳川吉宗が輸入した乳牛を記念して飼われている白いコブウシ

総領事ハリスは、牛乳を手に入れるため、農家のウシから牛乳を搾らせました。1863（文久3）年、前田留吉がオランダ人

から搾乳を習い、1866（慶応2）年に横浜で最初の牛乳屋を開いています。1870（明治3）年には牧場を東京に開いて牛20頭で搾乳業をはじめていますが、和牛では1日3.6リットルほどしか搾乳できません。その後西洋の乳牛を輸入し、文明開化のかけ声とともに牛乳は普及したのです。明治維新後にエアーシャー、ジャージー、ガーンジー、ブラウンスイスなど様々な乳牛が導入されました。現代の日本人の乳牛のイメージは白黒模様のウシです。様々な乳牛の中で、乳量で勝る白黒斑のホルスタイン種が普及し、現在、日本で飼われている乳牛の99パーセントを占めているのです。

　日本での肉牛、とくに和牛の歴史は、明治維新後に改良がはじまった、新しいものです。現在、和牛とよばれているウシは古くからの在来牛ではなく、明治から大正時代にかけて、見島牛のような小さな在来牛にヨーロッパのショートホーン、デボン、シンメンタールなど大きなウシを交配してつくられました。昔からウシの飼育が盛んであった中国山地では、江戸時代後半にいくつもの「蔓牛」がつくられていました。蔓牛とは、優良なウシを系統繁殖で殖やし、その系統を蔓にたとえてつけられた名です。19世紀前半にイギリスで登録制度が誕生し、品種改良が進みました。時を同じくして洋の東西で牛の遺伝的改良が試みられていたのです。西洋の育種学が伝わる以前から、日本の農民は系統的な育種法を実践していたわけです。明治時代になり、西洋の大型品種を用いての和牛の作出でも中国地方から兵庫県但馬にかけての江戸時代からの蔓牛生産地帯で優良な系統が完成したのは、蔓牛という系統繁殖の伝統が生きていたからです。

　こうしてつくられた和牛には黒毛和種、無角和種、褐毛和種、日本短角種の4品種があります。しかし現在、飼われている和牛の98パーセントは霜降り肉の生産できる黒毛和種になってしまいました。残りの3品種は放牧などに適していますが肉は赤肉で、輸入牛肉と競合し、年々飼育頭数を減らしているのが現状です。

現代の代表的乳牛のホルスタイン

日本のウシの改良に使われたシンメンタール

ネコ

ネコは自分から家畜になった？

　ネコの祖先は、アフリカ北部やアラビア半島に生息しているリビアネコというヤマネコで、4000年ほど前に古代エジプトで家畜化されたと考えられています。エジプトでは鳴き声からネコを「ミウ」とよび、穀物を守るネコの女神バステトとしてまつられています。人が農耕生活をはじめ、穀物を貯えるようになると、貯蔵してある小麦やイモを食べるネズミが増えました。ヤマネコはネズミをねらって集落にひきつけられるようになったのです。ネコの家畜化は、ネコのほうから農村に近づいてきたことがはじまりだったのかもしれません。

　日本にも対馬にツシマヤマネコと西表島にイリオモテヤマネコが生息していますが、日本のヤマネコは家畜化されたことはありません。私が飼っていたシャムネコをはじめ、ペルシャネコ、ヒマラヤン、アメリカンショートヘア、それにニホンネコなど、地名が品種名についている、世界中のどのネコも、すべてリビアネコの子孫です。日本にネコが来たのは、8世紀の奈良時代に仏教の伝来とともにネズミから経典を守るためだったとされ

ネコの祖先種リビアネコ

ツシマヤマネコ

ていました。ところが、長崎県壱岐島のカラカミ遺跡から出土したネコの骨は、紀元前3世紀の弥生時代のものでした。日本でも農耕が盛んになったころで、ネコは経典よりも、まず穀物の番人としてやってきたのです。6世紀の遺跡からは

シャムネコ

アメリカンショートヘア

ネコの足跡がついた土器が見つかっています。今でもセメントが乾かないうちにネコが歩き、コンクリート面にネコの足跡がついているのを見ることがあります。土器づくりの工房にネコがはいかいし、生乾きの粘土の上を歩いたのでしょう。

日本の古典にも数多く描かれたネコ

『枕草子』や『和泉式部日記』にもネコが登場し、宮中や貴族の女性に中国渡来の唐猫としてかわいがられました。平安時代にはネコは身近な存在として普及していたと考えられます。ネコが身近になると、イヌのように従順ではなく、気ままで他の家畜と違うことに気づきます。『日本霊異記』には化け猫が出てきますが、ネコの生態から悪霊のとりつく動物として想像がふくらんだのでしょう。鎌倉時代の『徒然草』に、「奥山に猫またといふものありて、人を食ふなる」という、尾が二股になった猫の妖怪が出てきます。有馬や鍋島の化け猫騒動や『南総里見八犬伝』の怪猫など妖怪猫の話はつきません。

『鳥獣人物戯画』に描かれたネコ

物語『猫のさうし』には、1602（慶長7）年にネコの綱を放つよう命じたお触れが出され、その後ネズミが減ったという話がのっています。安土桃山時代には、ネコをつないで飼う習慣があったのかもしれません。江戸時代の浮世絵には、ぼたんや蝶といっしょに長寿の象徴としてネコが描かれています。ネコだけを描いた「鼠よけの猫」の絵札も売れたのです。

『百怪図巻』「猫また」佐脇嵩之

『曲亭翁精著八犬士随一・犬村大角 妖猫退治』歌川国芳

『其のまま地口・猫飼好五十三疋』歌川国芳

純粋な日本猫はとても希少

西洋でもネコは悪魔や魔術と結びつけられました。とくに黒猫は魔女の使いとして、魔女狩りにあった飼い主とともに殺されました。14世紀にペストが流行した時には、ネコが病を運んでくると恐れられ殺されたのです。その結果、かえってネズミが大繁殖し、ネコの減少がペストまん延の一因とわかると、ネコは一転して大事にされるようになり、ペストも治まったのでした。

日本には前足をあげて、金運や人を招く「招き猫」がいます。ネコは前足で顔をなでるようにして毛づくろいをしますが、招き猫の手は、この仕草の手つきを思い起こさせます。江戸時代に浅草界隈のおいらんがかわいがっていた尾の短い三毛猫がモデルとされています。日本でネコが普及すると、日本の環境に適応した土着の日本猫になりました。日本猫には長尾と短尾のものがいます。江戸時代は短尾のネコがはやり、『其のまま地口・猫 飼好五十三疋』のネコはすべて短尾です。明治以降の洋種ネコ導入で日本猫の交雑が進み、現在では純粋の日本猫は希少な存在になってしまいました。アメリカでは曲った短い尾の三毛猫をジャパニーズ・ボブテイルとよび、今では日本に逆輸入されています。

『惺々狂斎画帖（三）』河鍋暁斎

招き猫

ネズミを捕まえたネコ

ヒツジ

ヒツジは、2番目に古い家畜

　紀元前8000年ころの西南アジアの遺跡から、ヒツジの骨が出土しています。ヒツジは1万年前には家畜化され、1万5000年前に家畜化されていたイヌに次ぐ古い家畜とされます。ムフロンという西南アジアの山岳地帯にすむ野生ヒツジを中心に家畜化され、ウリアル、アルガリーなど他の野生ヒツジとの交雑も起こり、様々な品種ができたと考えられています。

　野生ヒツジのオスは大きならせんに巻いた角を持ち、山岳地帯の急な斜面を走り回る、活発な動物です。ところが、家畜化されたヒツジは平地で草をはむ、おとなしい動物になりました。「羊のように」といえば従順なことの形容のように使われるほど、野生の俊敏さを失い、人にとって扱いやすい家畜になったのです。

　野生ヒツジのムフロンには粗い毛の下に短いウールが生えています。夏を迎えるころには、ウールは小さな塊となって自然に落ちます。ヒツジは肉や毛皮をとるために飼いはじめられました。長い家畜化の歴史の中で、ウールしか生えず、しかも夏になっても落ちないで一生伸び続ける、今のヒツジが誕生したのです。ウールが自然に落ちないヒツジは、いつも純毛のオーバーを着ているようなもので、暑くなる前に人が毛刈りをしないと、夏を乗り切ることができません。

ヒツジの祖先種のひとつ、ムフロン

ヒツジよりヤギのほうが格上？

井の頭自然文化園では、顔の白いコリデールと顔の黒いサフォークという2種類のヒツジを飼っていました。毎年、5月5日のこどもの日に大勢のお客さんの前で、2頭の毛刈りを実演していたのは、ヒツジのために、どうしてもしなければならない行事だったのです。ヒツジのなかには自然に換毛する品種がいて、上野動物園の「子ども動物園」で飼ったことがあります。カリブ海のヴァージン諸島のセント・クロイ・ヘアー・シープで、暖かい島のヒツジなので羊毛は必要なく、自然に毛が抜けるのです。私も換毛期に毛を引っ張ってみましたが、簡単に抜けるのでした。

ヒツジにはあごひげがないので、あごを見ればヤギと見分けられます。ヒツジとヤギの混群では、尾をあげているのがヤギで、尾を垂らしているのがヒツジです。モンゴルに行ったときに、ヒツジの群れにヤギが混じっていることに気づきました。ヒツジの群れを統率するためにヤギを混ぜているのです。ヒツジはヤギのリーダーに従うので、牧童は尾をあげて威張っているように見えるヤギをコントロールすることで、ヒツジの群れ全体を動かしていました。

無角の毛肉兼用種コリデールの毛刈り前

毛刈り後のコリデールと刈りとられた羊毛

肉用種のサフォークも無角品種

尾を下げているヒツジと上げているヤギ

日本でヒツジが広まらなかった理由

昔、日本に来たヒツジはモンゴル系だったようで、葛飾北斎の『北斎漫画』に描かれた綿羊と胡羊や魚屋北渓の『梅下の羊』のヒツジにそっくりな蒙古羊がいて、当時はまだ角のあるヒツジが送られてきたようです。

［左］『梅下の羊』魚屋北渓
［右］『北斎漫画』葛飾北斎
綿羊と胡羊はヒツジのことで、野牛と書かれているのがヤギ。

北斎の綿羊にそっくりな蒙古羊

中国から伝わったヒツジのすずり「羊形硯(ようけいけん)」(斎宮歴史博物館所蔵)

　『日本書紀』に、599(推古天皇7)年に朝鮮半島の百済(くだら)からヒツジが渡来したと書かれています。平安時代にも何回か渡来し、宮中などで飼われたようです。しかし、乾燥地の家畜であるヒツジは日本の湿潤な気候に適応できなかったのか、広まりませんでした。主に羊毛をとるヒツジを綿羊ともよびます。ラシャは厚手の毛織物でポルトガル語由来です。江戸幕府はラシャ生産のためヒツジをラシャ綿とよんで、巣鴨の薬草園で飼育していました。

　実物のヒツジが普及しなかったのに、「羊」の入った漢字はたくさん使われていました。美、善、洋、祥、義、鮮などみんなよい意味で使われています。中国ではヒツジが大切な家畜なので、羊を含む漢字が多く、日本にも伝えられたのです。聖書に最初に出てくる動物もヒツジであり、ヨーロッパの人々にとってもヒツジは大事な家畜でした。

　日本で産業としてヒツジが飼われるようになったのは明治時代になってからです。ヒツジが最も多く飼われたのは1957(昭和32)年の94万頭で、現在では1万頭を切っています。いろいろな品種が欧米から輸入され、日本の風土になじんだ毛肉兼用種のコリデールが広まりました。大正時代に北海道滝川に種羊場が開設され、羊毛の生産が盛んになりました。日本では羊肉を食べる習慣はありませんでしたが、えさ不足になる冬場や老齢個体の処分後のコリデールの活用としてジンギスカン鍋がはじめられ、広まったのです。現在、日本では羊毛も羊肉もオーストラリアやニュージーランドからの輸入に頼り、飼われているヒツジはコリデールよりはサフォークなどの肉用種が増えています。

ヤギ

九州からはじまった日本のヤギの歴史

　ヤギの家畜化は紀元前8000年ごろと考えられ、イランのガンジダレー遺跡から出土した骨は現存する野生のノヤギと一致します。ノヤギを中心にマーコールなど複数の野生ヤギが交配し、家畜として様々な品種のヤギが成立したと考えられています。人が搾乳をしてミルクを利用した最初の動物は、実はウシではなくヤギなのです。

　ヤギがはじめて文献に登場するのは『日本紀略』で、9世紀の嵯峨天皇のころに朝鮮半島から九州に伝わったとされます。角があったので「野牛」と書いて、ヤギとよばれるようになったともいわれ、葛飾北斎の描いたヤギは「野牛」と表記されています。ヤギは遊牧民の乾燥地の家畜で、本州などでは広まりませんでした。日本で飼育が盛んだったのは、長崎の白ヤギ、鹿児島から沖縄の有色ヤギで、肉用として飼われていました。

　白ヤギは長崎県西部と五島列島で、「かくれキリシタン」の人々が主に飼っていました。江戸時代の高木春山が著した『本草図説』には柴ヤギとよばれた白いヤギが描かれています。柴ヤギは小型で毛色が白いので、反すう動物としての実験動物化が東大牧場で試みられました。柴ヤギは小さくかわいらしい白ヤギさんとして各地の子ども動物園や遊園地で、ふれあい動物としても人気者になっています。

ヤギの祖先種のひとつ、ノヤギのオス

『本草図説』に描かれたヤギ

　有色ヤギは15〜16世紀に南蛮貿易でポルトガル船やスペイン船が、当時の琉球王国にもたらしました。日本での肉食忌避の影響の及ばなかった南西諸島で食肉用に盛んに飼われました。現在、トカラ山羊、屋久島山羊、与那国山羊などとよばれているのは琉球王国のヤギの子孫です。今では日本にヤギは2万頭ほどしかいませんが、その半数は沖縄県で飼われているのです。

　子どもたちにとって、ヤギの代表は白ヤギさんと黒ヤギさんです。多摩動物公園のヤギの前で、「これがヤギなの？　白ヤギさんでも黒ヤギさんでもない、茶色ヤギさんだね！」という子どもたちの声をよく耳にしました。このヤギのもとになったガポーという名のオスヤギはガラパゴス諸島の野生化したヤギです。上野動物園の「子ども動物園」で飼っていましたが、よく柵を跳び越えて逃げ出しました。すばらしいヤギだったのですが、狭い上野動物園では飼いきれなくなり、困ってしまい多摩動物公園へやってきたのです。

白ヤギさん（柴ヤギ）の親子

黒ヤギさん（与那国島の在来ヤギ）のオス

ロビンソン・クルーソーはヤギに生かされた？

　ヤギは手紙でも食べてしまうように、植物繊維ならぜいたくをいわずにどんなものでも食べて栄養にして、肉やミルクを供給します。大航海時代、ヨーロッパ列強の船には、ヤギがのせられていました。冷蔵庫のない時代ですから、航海中の大事な食料だったのです。船が無事に目的地に着くと、交易の品としてその地に置いていったり、難破した船員なかまの食料になるように大洋上の無人島にヤギを放したりしました。大洋の孤島で野生化したヤギを食べて助かった実在の人物、アレキサンダー・セルカークをモデルに書かれたのが『ロビンソン・クルーソー』です。

　私は1973（昭和48）年にはじめてヨーロッパに行ったとき、ドイツのハーゲンベック動物園でガボーにそっくりなヤギを見つけました。ネームプレートには「ロビンソン・クルーソーのヤギ」と書いてあったのです。物語の舞台になったのは太平洋のチリ領ファン・フェルナンデス諸島のマス・ア・ティエラ島で、この島は今ではロビンソン・クルーソー島とよばれています。1704年にこの島で生活をはじめたセルカークはヤギのおかげで、4年間を生き長らえたと解説されていました。

　家畜は野生化すると先祖返りし、原種に似た姿に戻る傾向があります。ロビンソン・クルーソーのヤギもガラパゴスから来たガボーもノヤギに似た毛色です。私は飼育係だった1970年代に5年ほどかけてガボーの毛色を持ったヤギを選抜し、ノヤギに似た復元ヤギをつくる仕事をしました。多摩動物公園ではこの祖先似のヤギを見てもらおうと、今でもガボーの血をひいたヤギを選んで飼育しています。だから、白ヤギさんでも黒ヤギさんでもない茶色いヤギさんが飼われているのです。

［上］ロビンソン・クルーソーのモデルとなったアレキサンダー・セルカークとヤギ
［下］著者がつくった復元ヤギ

ウサギ

ノウサギとカイウサギの違いは？

　家畜であり現代ではペット動物の代表でもあるウサギは、野生のノウサギと区別するときはカイウサギとかイエウサギとよばれます。カイウサギの祖先は、主にイベリア半島の地中海沿岸の乾燥した地方に生息していたアナウサギです。11世紀ころに女性でも飼える食肉用の動物として修道院などで飼われて家畜化され、15世紀にはヨーロッパ各地に広まりました。イギリスの「ピーターラビット」もアナウサギで、大陸からもたらされた古い時代の外来種なのです。繁殖力が強く、オーストラリアなど世界各地で外来種として問題を起こしています。

　日本の昔話や『鳥獣人物戯画』に出てくるウサギはノウサギで、現代の日本人になじみ深いウサギはヨーロッパから輸入されたカイウサギです。英語ではカイウサギとノウサギは別々の名前でよばれています。カイウサギとその祖先種アナウサギはラビット、ノウサギはヘアーでワイルド・ラビットとはよびません。ヨーロッパにはヘアーとラビット、すなわちノウサギとアナウサギが生息していて、別の動物と認識されていました。日本にはもともとノウサギしかいなかったので、兎といえばノウサギを指しました。ところが後にカイウサギが普及すると、日本人にとって兎といえばカイウサギを指すようになったのです。

　カイウサギが日本に入って来たのは室町時代、普及したのは江戸時代といわれています。長崎の出島に住んでいたオランダ人が、カイウサギを殖やして売り出

ウサギの祖先種のアナウサギ

し、ずいぶんともうけたようです。江戸時代にはカイウサギは珍しいものではなくなり、徳川家の元日料理にも兎肉を使ったと伝えられています。このころから、カイウサギはふつうの身近な動物になり、日本人にとって兎といえば、カイウサギのことになりました。円山応挙の『木賊兎図』には白黒斑のダッチ系と目の赤い白兎、『本草図説』にも灰色や赤茶色のウサギが描かれ、江戸時代にはいろいろな毛色が普及していたことをうかがわせます。

『本草図説』に描かれたカイウサギ

白黒斑のダッチ

『木賊兎図』円山応挙

『北斎漫画』に描かれた、野生化したカイウサギ

戦争中にウサギの飼育が勧められた理由

　日本では、ウサギは白くて、耳が長く、目の赤い動物というイメージが定着しています。日本人のこのイメージは、日本白色種とアンゴラ種という品種のカイウサギからきています。この2品種は明治から昭和のはじめにかけて、大型家畜を飼う余裕のない農家の副業として盛んに飼われました。小さな箱や小屋で飼え、野菜くずや野草をえさにして、簡単に殖えるので、重要なタンパク源だったのです。肉は缶詰にして兵隊さんの携帯食に、皮や毛は防寒着や防寒頭巾になり、戦時下にあって飼育が奨励されていました。この時代のウサギは、ほとんど日本白色種とアンゴラ種で、ともに有色色素の欠乏したアルビノで毛が白く、耳が長く、目の赤いウサギだったのです。

　カイウサギは群れでくらし、広い土の地面を柵で囲ったようなところで飼うと、祖先のアナウサギと同じようにトンネルを掘り、その中で生活するようになります。1か月の妊娠期間で、6～12頭と多産なので、小島などで放し飼いにするとあっというまに殖えてしまうのです。日本でも沿岸の島などで、カイウサギが野生化し植物を食べつくすなど、環境破壊の原因になっています。『北斎漫画』のウサギは、江戸時代にすでに野生化したカイウサギがいたことを思わせます。

　なお、本書の2巻（野生動物）では、家畜ではなく、野生動物としてのノウサギについて紹介していますので、そちらもあわせてお読み下さい。

［上］毛用種のアンゴラ種
［下］日本のウサギイメージのもとになった日本白色種

ラット・マウス

ラットとマウスの祖先は？

　実験動物の白ネズミには、大型のラットと小型のマウスがいます。ラットの祖先種はドブネズミ、マウスの祖先種はハツカネズミです。ラットもマウスも明治維新後に医学などの実験動物として、ヨーロッパやアメリカから輸入されたものです。ネズミの家畜化は19世紀初頭とされ、医学など科学的な目的のために家畜化された最初の動物になりました。20世紀には行動科学者が、記憶力や知性が学習によるものなのか遺伝によるものなのかを検証するために使いました。ラットは2001（平成13）年、日本では260万頭が生産され、そのうちの約半分が毒性試験など人の生活に貢献する実験動物として使用されているのです。

　日本では、白くて目の赤いアルビノのドブネズミは、昔からときどき見つかるようで、大黒ネズミとよばれてきました。白はけがれをはらう神聖な色でしたから、白ネズミは大黒様のお使いになったのです。『鼠浄土（ねずみじょうど）』は「おむすびころりん」として知られる昔話で、ネズミは福をもたらす動物でもありました。江戸時代、白隠慧鶴（はくいんえかく）の『鼠大黒』にはネズミたちの用意したごちそうを前に座る大黒様が描かれ、掛け軸には「親孝行な人に、打出の小づちをあげよう」と書かれています。さらに「猫が来たらたたくぞ」と添え書きしています。当時からネズミの天敵としてネコの存在があったのです。西洋から導入されたラットもドブネズミの

［上］ドブネズミ（富山市ファミリーパーク）
［下］日本では大黒鼠とよばれた白いラット

アルビノですから、大黒ネズミと同じです。洋の東西で別々に家畜化され、西洋では実験動物、日本では貴ばれる大黒ネズミになりました。葛飾北斎（かつしかほくさい）が描いた『塩鮭と鼠』の2匹のネズミは尾が長く耳が大きく目は赤くないので、クマネズミをモデルにして描かれた大黒天の使いかもしれません。

『塩鮭と鼠』葛飾北斎（かつしかほくさい）

白隠慧鶴（はくいんえかく）『鼠大黒』（大阪新美術館建設準備室所蔵）

『新板ねずみのたわむれ』（しんぱん）歌川国政（うたがわくにまさ）

ペットとなったネズミ

西洋種のハツカネズミ

ハツカネズミも洋の東西で別々に家畜化、ペット化されています。日本では愛玩（あいがん）動物としてハツカネズミが飼いならされ、江戸時代の1787（天明（てんめい）7）年に『珍玩鼠育草（ちんがんそだてぐさ）』という飼育書まで刊行されて

ラット・マウス　41

豆斑の祖先種のハツカネズミ

江戸庶民のペットだった豆斑

います。いろいろな毛色のハツカネズミが紹介され、メンデルの法則の発見より約1世紀も早く、遺伝的な組み合わせ方法がのっているのです。この中の豆斑とよばれているネズミは、現在ペットとして普及しているパンダマウスです。豆斑は日本から100年ほどの間、姿を消していました。江戸時代後期にヨーロッパに持ち出された豆斑が、ジャパニーズマウスとよばれて飼い続けられ、1987（昭和62）年に里帰りしました。里帰りした豆斑のDNAを調べると、日本の野生のハツカネズミと同じでした。豆斑は、江戸時代に日本の野生ハツカネズミからつくられたものだったのです。ジュウシマツやヒメダカも日本で江戸時代につくられたもので、小動物の飼育は江戸庶民の楽しみだったのでしょう。

なお、本書の2巻（野生動物）では、家畜ではなく、野生動物としてネズミについて紹介していますので、そちらもあわせてお読み下さい。

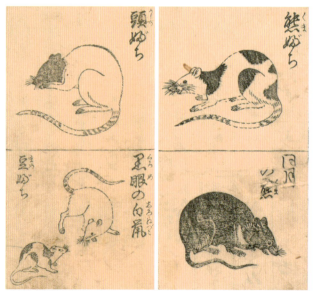
『珍翫鼠育草』にのっているいろいろな毛色のハツカネズミ

モルモット

モルモットは食べるためにつくられた

モルモットというと、実験動物の代名詞、そしてかわいいペットというイメージが浮かびます。もともとモルモットは、ウシやブタと同じように食肉用の家畜だったといっても、信じない人が多いと思います。モルモットは、原産地の南アメリカでは食用に飼われていたのです。インカ帝国の遺跡や遺物の研究から、紀元前1000年の昔からインカの人々といっしょに生活していたことがわかっています。現在でもペルーやボリビアのアンデス山麓の農村では、モルモットは大切な食用家畜です。

モルモットは16世紀末にヨーロッパにもたらされ、英名はギニア・ピッグとつけられました。インカ帝国を征服したスペイン人は南アメリカの物産を、西アフリカのギニアを経由してヨーロッパに運

『本草図説』に描かれたモルモット

んでいました。そこで、「ギニアから来た子ブタのような動物」という名がつけられてしまったのです。たしかに、モルモットの短い尾しかないお尻は、何となく子ブタのお尻に似ていますね。

日本でのよび方にも混乱があります。江戸時代、1843（天保14）年にオランダ船で渡来したのが最初で、オランダ語のマルモットがなまって、モルモットとよばれるようになりました。江戸時代の

モルモット短毛種

モルモット長毛種

モルモットの語源になったマーモット

『本草図説』には三毛の個体が描かれ、ホルホット蘭産すなわちオランダ産と書かれています。ただ、マルモットは本来、ヨーロッパアルプスなどに生息する地リスのなかまであるマーモットを指す言葉です。実際にマーモットとの混乱を避けるためテンジクネズミという名もつけられました。テンジクは天竺と書きインドのことで、ヒマラヤにもマーモットはいますが、それほど厳密なものではなく、おそらく西方からやってきたネズミというくらいの意味でつけた名前でしょう。

モルモットはネズミのなかまですが、ほとんど跳びはねることがなく、低い柵で飼うことができます。アンデスの人々は、モルモットを小屋や柵に閉じこめるのではなく、家の周りの草を食べさせながら、家にすみつかせ、放し飼いのようにして飼っています。食べたいときや、お客さんがあるときに捕まえて、料理するのです。その味は、なかなかおいしいと評判でした。

モルモットはゾウに並ぶ人気者

私が井の頭自然文化園に勤めていたある月の集計で、20種541頭の哺乳類が飼われていました。そのうち273頭がモルモットで、哺乳類の半分を占め、ゾウのはな子と並ぶ人気者でした。人気の秘密は、子どもたちがまたいで入れる低い囲いで飼っていたので、自由に入って直接抱いたり、えさを与えたりすることができるからです。ペットを飼えない住宅事情から、休みのたびに通ってくる子もいました。お気に入りのモルモットをひざにのせ、うれしそうな満足顔で、なでながらえさを与えていたものです。

モルモットは原産国のペルーではクイとよばれ、食肉家畜としての研究、改良も進められています。ふつうのモルモットは体長30センチ、体重1キロほどの大きさですが、ペルーのクイ牧場では体重

体重3キロ、体長45センチのオスのクイ
（家畜資源研究会提供）

3キロにもなる巨大なクイが育てられているのです。モルモットはヒトと同じように体内でビタミンCを合成できない数少ない哺乳類です。青物をやらないと、ビタミンCの欠乏により発症する壊血病で死亡します。かつては野菜などのビタミンCの効力を調べる実験動物としても、なくてはならない動物だったのです。

ミツバチ

古代エジプトで家畜化されていたミツバチ

　法律上ミツバチは家畜のひとつに位置づけられていることを知ったのは、大学生になってからでした。家畜伝染病予防法の伝染病一覧の最後に腐蛆病(ふそびょう)とあり、どの家畜の病気かと不思議に思ったことを思い出します。実は法律上、ミツバチは家畜で、腐蛆病はミツバチの幼虫がかかる伝染病なのです。ミツバチはカイコとともに家畜化された昆虫の代表です。古代の人々にとってはちみつは、砂糖のない時代の大切な甘味料でした。はじめは野生のミツバチの巣からはちみつを採取していました。紀元前2500年ころの古代エジプトではすでに養蜂(ようほう)がおこなわ

養蜂について解説した『教草 蜂蜜一覧』溝口月耕
(おしえぐさ はちみついちらん　みぞぐちげっこう)

れ、ローマ帝国や中国でも大規模な養蜂がおこなわれていました。養蜂でははちみつだけでなく、蜜蝋(みつろう)（ミツバチの巣を構成する蝋を精製したもの）、プロポリス（蜂やに）、ローヤルゼリーを生産し、ミツバチは農作物の受粉にも大きな役割を担ってきたのです。

　18世紀末まで、養蜂はわらでつくったかごや、木のうろ、大きな陶器の壺などに巣をつくらせる方法でおこなわれてきました。こうした巣は、はちみつや蜜蝋をとりだすときに壊さなければならないため、産んである卵や幼虫、さなぎを殺すことになります。巣を壊さなくてもはちみつを採取できる新しい巣箱が発明され、普及したのは19世紀になってからのことです。それが、現在使われている四角い木製の巣箱です。中に取り外しのできる巣枠をミツバチが通れるすき間をつ

養蜂箱の巣枠に群がるセイヨウミツバチ

ミツバチ　45

くって並べます。この巣枠をとりだしてはちみつを採取する方法で、卵や幼虫を殺さずに継続してはちみつを採取できるようになったのです。

ニホンミツバチを使った伝統養蜂とは

世界には9種のミツバチが知られ、セイヨウミツバチ以外はアジアのミツバチです。世界各地の養蜂は生産効率の高いヨーロッパのセイヨウミツバチでおこなわれています。しかし、大規模に飼われているセイヨウミツバチは蜂群崩壊症候群（ミツバチが原因不明に大量に失跡する現象）などの問題を抱えています。病気に対する抵抗力などは、野生種としての生活力のあるニホンミツバチなど、アジアのミツバチが可能性を秘めているのです。

日本では『日本書紀』に643（皇極天皇2）年に百済からミツバチを連れてきたことが記され、記録に残る養蜂事始めとされています。はちみつは貴重品であり、朝鮮半島からの貢ぎ物として、しばしば贈られていました。唐から布教のため来日した鑑真も薬としてはちみつを持参してきました。セイヨウミツバチが入る前の日本では、奈良時代から在来種のニホンミツバチによるはちみつ採取がおこなわれていたのです。

今でも昔ながらのニホンミツバチを使った伝統的養蜂がおこなわれている地域があります。長崎県対馬では丸木をくりぬいてつくった蜂洞という巣箱で、ニホンミツバチからはちみつを採取しています。蜂洞から採取したばかりのニホンミツバチのはちみつを巣ごと食べさせてもらいましたが、濃厚で上品な甘さの逸品でした。対馬は日本で唯一、外来種のセイヨウミツバチのいない、ニホンミツバチだけが生息している島なのです。私は蜂洞を熊本県球磨川流域の水上村や和歌

養蜂セイヨウミツバチ

養蜂箱。日本ではクマにねらわれるため電柵でガードしている。

対馬の蜂洞
(つしま)

山県紀伊山地の龍神村(りゅうじんむら)で見たことがあります。和歌山県山間部では蜂洞をゴーラとよんでいて、一度ニホンミツバチが入ったゴーラは毎年続けて入るので大事にして何回も使っていました。

ニホンミツバチは案外身近なところにもすんでいます。大都会の真ん中にある上野動物園と東京郊外にある井(い)の頭(かしら)自然文化園では、太い古木の割れ目上のうろに巣をつくっていました。お客さんが刺されないように、周囲を竹垣で囲い、ニホンミツバチの巣として紹介していました。富士山のふもとの林で、ヤマコウモリの出入りする大木のうろを観察しているときに、同じ木の細い割れ目にニホンミツバチが群れていました。樹洞(じゅどう)のある木は倒れそうとか汚いという理由で切られたり、うろを埋められたりしがちですが、ミツバチにとっては大事なすみ家なのです。古木も危険でないものは残して、ニホンミツバチのような日本固有種の小さな生き物がすみ続けられるようにしたいものです。

[上] 少し小型のニホンミツバチ
[下] 野生のニホンミツバチの分蜂(ぶんぽう)(巣分かれ)・富士山の樹洞

ミツバチ 47

カイコ

> 紀元前4000年ごろに中国ではじまった養蚕

絹糸

カイコ

カイコはカイコガの幼虫で、生糸をとるため人との長い歴史のなかで、家畜化された昆虫です。食草はクワの葉ですが、屋外のクワの木にカイコがついているのを見たことはありません。家畜化されたカイコは、自力でクワの枝につかまることもできないのです。人から与えられたクワの葉を食べ、4回の脱皮をして、5令幼虫になると、1500メートルもの生糸を吐いてマユをつくります。

［上］カイコガの交尾（藤原尚太郎氏提供）
［下］カイコガの産卵（藤原尚太郎氏提供）

養蚕発祥の地は中国で、紀元前4000年ころには絹の生産がはじまっていたとされています。ヨーロッパに絹がもたらされたのは紀元前2000年ころで、アジアとヨーロッパを結ぶシルクロードで運ばれました。以来高価な交易品として、3000年近くヨーロッパでは中国から絹を輸入し続けていたのです。ローマ人は絹を植物繊維だと考え、まさか昆虫の幼虫が吐き出すものとは思っていませんでした。なぜなら中国では絹生産を国家秘密として、養蚕技術を国外に伝えず、販売を一手に握り、シルクロードを通じてヨーロッパに送っていたからです。

日本の養蚕は弥生時代にはじまった

養蚕技術がヨーロッパに伝えられたのは6世紀のことですが、日本にはかなり早く伝わりました。紀元前1世紀ころに朝鮮半島経由で、渡来人によりもたらされたのです。3世紀に成立した『魏志倭人伝』には「蚕桑」という言葉があり、日本では弥生時代には、すでに養蚕がおこなわれていたことがわかります。『古事記』にも『日本書紀』にもカイコが出てきます。神の死体からカイコが生じ、カイコのマユを口にふくんだ天照大神が糸を吐き出したのが養蚕のはじまりと書かれているのです。

1994（平成6）年にはじまった正倉院の古代裂（古い時代の布の断片）の復元に、皇室の紅葉山御養蚕所の小石丸の糸が使われました。美智子皇后陛下が存続させたカイコで「皇室のマユ」として話題になった小石丸は、江戸時代につくられた品種です。江戸時代になると優秀なカイコが選抜され、品種改良がはじまっていたのです。小石丸は手間がかかり、収量が少なく、明治時代以降の品種改良でつくられた、多収量で大きく丈夫なカイコにおされて姿を消しつつありました。

マユをつくらせるためのマブシ

カイコ 49

世界一となった日本の養蚕技術

　江戸時代には日本の養蚕技術が飛躍的に発展しました。フランスのパスツール研究所の教科書にも記載されています。江戸時代末期、フランスでは微粒子病というカイコの病気がまん延し、養蚕業は大打撃を受けました。この窮状を救うため1864（元治元）年、幕府はフランスに蚕卵紙を2回にわたり合計で1万6500枚贈りました。この蚕卵紙の返礼ということで、ナポレオン3世は1867（慶応3）年に26頭の生きたアラブ馬を15代将軍徳川慶喜に贈ってきたのです。このうちの1頭である「パリ号」は駒場農学校に引き継がれ、夏目漱石の小説『三四郎』にもエピソードがのせられています。パリ号は、後に上野動物園に寄贈され、上野の地で余生を送りました。

　明治時代の後期には、ウマなどの雑種強勢と同じように、カイコでも遠縁品種の交配でできた、大きなマユを生産する一代雑種が利用されるようになり、生産量は飛躍的に伸びました。1906（明治39）年には日本は中国を抜いて世界一の絹の生産輸出国になったのです。1930（昭和

『女織蚕手業草』喜多川歌麿

カイコにクワの葉をやる様子

カイコのマユの収穫

5）年の40万トンをピークに1968（昭和43）年まで世界一の生産を続けました。世界遺産となった富岡製糸場は当時の生産拠点でした。昭和恐慌や第二次世界大戦を経て、養蚕業は衰退してしまいました。1998（平成10）年、養蚕農家は約5000戸で、生産量は1980トンに減り、2015（平成27）年には368戸、135トンにまで減少したのです。私の住んでいる八王子市はかつて養蚕が盛んで、「桑都（そうと）」とよばれていました。関東各地の生糸は一度八王子に集められ、「絹の道」とよばれた浜街道を横浜に運ばれ、世界中に輸出されていたのです。八王子には2012（平成24）年現在、養蚕農家は3軒しか残っていません。私の家の近くの畑のすみによくクワの木が植えられていますが、それは「桑都」時代の名残なのです。

『上州富岡製糸場之図』一曜斎国輝

マユをゆでて、生糸を取りだす

生糸を機織（はたお）りする様子

ロバ

ウマより早かったロバの家畜化

ロバは、アフリカ北東部やアラビア半島にかけて生息していたアフリカノロバを、約6000年前にナイル河の流域で家畜化したものと考えられています。ロバのほうがウマより早く家畜化されたのです。ヌビアやシリアにいた、すでに絶滅した小型のものが原種とされています。ソマリアにいる大型のものは少数が残っていますが、生息地が紛争地帯で、保護が行き届かず、絶滅が心配されています。現在も少数がイランなどの中東地域に生息している、オナガーとよばれるアジアノロバがいます。オナガーはロバとは別種で、紀元前3000～2000年のメソポタミアで家畜化され、戦車をひいていた様子が銀貨などに刻まれています。その後、

中東やインドでも活躍するロバ

オナガーはよりけん引力の強いウマの登場で家畜としては使われなくなりました。

ロバの背中はウマのようにくぼみがなく直線的なので、人が乗るのは背中ではなく平らなお尻の上でした。お尻の上にまたぐ乗り方と横向きに座る乗り方があったようです。私が飼育係になって最初

ロバの祖先種でわずかに残っているソマリノロバ

ウマより先に家畜化され戦車をひいたオナガー

の担当動物にロバがいて、小型だったのでまたいで乗ることができました。キリストはロバに乗ってエルサレムに入ったといわれています。キリストはどんな気分でロバに乗っていたのか、乗り心地を試そうと思い、乗ってみたことがあります。背中に乗ると不安定で、やはりお尻の上にまたがりました。ロバは嫌だったようで突然走り出し、あっというまに振り落とされてしまったのです。ウマのなだらかにくぼんだ背中は、人が乗るのにぴったりです。対して、ロバは乗り心地が悪かったので、乗用家畜としての地位をウマにとって代わられ、ウマのように世界中に広まらなかったといわれています。ロバはヒツジとともに乾燥地になくてはならない家畜で、中東などではたくさん飼われ、ウマでは使い難く、トラックが通れないような地域では、今でも荷を運ぶ重要な役畜なのです。

『北斎漫画』に描かれたロバ

ラクダとともに、日本にやってきたロバ

ロバのオスとウマのメスの間に生まれた雑種がラバです。ラバは粗食に耐え、耐久力にすぐれ、ロバより大きく、多くの荷を運べるので、役畜として中国や中南米などの乾燥地や山岳地帯で、今でも使われています。ラバは両種のよいところを受け継いでいるのに、反対の組み合わせ、ウマのオスとロバのメスの間に生

ロバのオスとウマのメスの間にできるラバ

ウマのオスとロバのメスの間にできるケッテイ

ロバ 53

まれるケッテイとよばれる雑種は小型で役畜としては役立ちません。ラバもケッテイも繁殖力はなく、ウマとロバの異種間の交配でしか誕生させられない家畜です。

日本に最初にロバがもたらされたのは6世紀のことで、599（推古天皇7）年に朝鮮半島からラクダとともに献上されたという『日本書紀』の記録が最古のものです。乾燥地の家畜であり、湿潤で寒冷な日本の気候には合わず、広まりませんでした。ウマやウシに代えてまで、使う必要はなかったのです。江戸時代に描かれた『北斎漫画』に使役されているロバの図があり、そのころには多少は飼われていたのかもしれません。明治時代になり上野動物園には日清戦争、日露戦争で活

ウサギウマとよばれたロバ（馬の博物館所蔵）

躍した功労動物としてロバが贈られてきました。耳が長いのでウサギウマともよばれたことがあります。『ブレーメンの音楽隊』など童話の主人公としてもロバのことはよく知られています。現在の日本でも、ロバを家畜として使うことはなく、子どもたちにおなじみの動物として動物園や観光牧場で、会うことができます。

［上］『本草図説』に描かれた黒っぽいロバ
［下］『本草図説』に描かれた白っぽいロバ

ブレーメンの音楽隊像（ドイツ）

ラクダ

見世物として人気を集めた日本のラクダ

　ラクダは砂漠を代表する家畜で、日本では動物園で飼われたり、鳥取砂丘などで観光客をのせたりするだけで、家畜としては使われていません。ラクダの背中にあるこぶに入っているのは水ではなく、50キロにもなる大きな脂肪の塊です。草の豊富な季節にたくさん食べ、あまった栄養を脂肪として蓄え、食べ物が不足した時に使います。こぶは直射日光による熱から内臓を守る断熱材の役割もしています。ラクダは砂漠の船とよばれますが、フタコブラクダもヒトコブラクダもこのこぶのおかげで、食べ物のない、暑い砂漠を何日も旅することができるのです。フタコブラクダはゴビ砂漠に野生のものが少し残っているようですが、ヒトコブラクダは家畜だけで、野生のものはいません。絶滅したのか、家畜としてすべて取りこまれてしまったのかは、わかっていません。

　ラクダが日本にはじめてやってきたのは599（推古天皇7）年のことで、朝鮮半島から献上されたものです。7世紀になり、ラクダは3回にわたり、朝鮮から来た記録があります。657（斉明天皇3）年のラクダは西海の使がもたらしたとされていますし、朝鮮半島経由で来たラクダですから、中国西北部からモンゴルなど中央アジアで使われているフタコブラクダであったはずです。この後1000年ほど

［上］かつて北京動物園にいた野生のフタコブラクダ
［下］モンゴルのフタコブラクダ親子

『本草図説』に描かれたフタコブラクダ

文政4年に来たヒトコブラクダ『駱駝之図』歌川国安（早稲田大学図書館所蔵）

アラビアのヒトコブラクダ

の間、ラクダが日本に来たという記録は途絶えます。乾燥地帯の動物で、日本のような湿気の多い国では、家畜として使うのも無理があり、わざわざ輸入するようなことはなかったと思われます。

　江戸時代になり、1646（正保3）年にオランダ商館長から3代将軍徳川家光に2頭のフタコブラクダが献上されました。江戸時代の日本人にとって、ラクダは2つのこぶがある大きな奇妙な動物というイメージが植えつけられました。1821（文政4）年に長崎に着いたペアのラクダは、アラビア半島やサハラ砂漠で使われているヒトコブラクダでした。このヒトコブラクダは、後に興行師の手にわたり、日本全国を巡回します。ラクダが来る地では、それまでの日本人のラクダの知識

から、2つのこぶが描かれたラクダのチラシが配られました。いざ、ラクダの見世物が開かれると、こぶは1つしかなく、偽物ではないかと騒がれたこともあったそうです。観察の機会が多かったようで『唐蘭船持渡鳥獣之図(とうらんせんもちわたりちょうじゅうのず)』に図鑑のように正確な絵が記載され、興行の様子を描いた絵図も多く残っています。

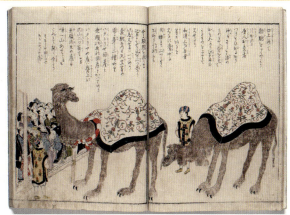

[上]『唐蘭船持渡鳥獣之図(とうらんせんもちわたりちょうじゅうのず)』に描かれたヒトコブラクダ
[下]「絵本駱駝(らくだ)具誌」（名古屋市博物館所蔵）には、文政9年の名古屋の大須観音の門前での見せ物の様子が描かれている。

上野動物園初のラクダは、日清戦争の戦利品

　上野動物園には日清戦争の戦利品として、1895（明治28）年2月にはじめてフタコブラクダがペアでやってきました。3月にはメスが出産し、親子で大変な人気者になり、その後もよく殖え、大家族になりました。なお、江戸時代の見世物のヒトコブラクダは、おとなしく、仲のよいペアで、夫婦円満の象徴として、人気があったと伝えられています。ラクダはオス1頭に対しメスが数頭でも、穏やかに家畜として扱えます。しかし、オス2頭をいっしょに飼うことは難しいのです。明治時代の上野動物園のフタコブラクダは、オスの子の成長とともに、父親との闘争がはじまり、放飼場の両すみに綱で結わえて飼われていました。ときどき、綱を切ってオスどうしの争いになり、飼育係総出で割って入らなければならず、大けがを負い入院する者がいたほどだったそうです。

●著者略歴

小宮 輝之 （こみや・てるゆき）

1947年、東京生まれ。1972年明治大学農学部卒業、多摩動物公園の飼育係
になる。トキ、コウノトリ、ツル、ガンなど希少鳥類の域外保全に関わり、
多摩動物公園、上野動物園の飼育課長を経て2004年から2011年まで上野
動物園園長。日本動物園水族館協会会長、日本博物館協会副会長を歴任。ふ
くしま海洋科学館理事、山階鳥類研究所評議員。明治大学兼任講師、東京農
業大学、宇都宮大学、山梨大学非常勤講師。主な著書に『日本の家畜・家
禽』（学習研究社2009年）『物語 上野動物園の歴史』（中央公論新社2010年）
『昔々の上野動物園、絵はがき物語』（求龍堂2012年）『くらべてわかる哺
乳類』（山と渓谷社2016年）『Zooっとたのしー！ 動物園』（文一総合出版
2017年）などがある。

日本人と動物の歴史　①家畜

2017年9月29日　初版1刷発行

著者　　小宮輝之（こみやてるゆき）
発行者　荒井秀夫
発行所　株式会社ゆまに書房

　　　　東京都千代田区内神田2-7-6
　　　　郵便番号　101-0047
　　　　電話　03-5296-0491（代表）

印刷・製本　　株式会社シナノ
本文デザイン　川本 要
©Teruyuki Komiya 2017　Printed in Japan
ISBN978-4-8433-5222-9 C0639

落丁・乱丁本はお取替えします。
定価はカバーに表示してあります。